AF240169

CATALOGUE

D'UNE COLLECTION IMPORTANTE

D'ESTAMPES ANCIENNES

ET MODERNES,

AU BURIN ET A L'EAU-FORTE,

Au nombre de 11,000,

Par les plus célèbres Graveurs de tous les pays, du XVe au XIXe
siècle, formant l'histoire de l'art de la Gravure;

ENVIRON 1,200 DESSINS

PAR ET D'APRÈS LES GRANDS MAITRES DE TOUTES LES ÉCOLES,

ET DE

QUELQUES BONS TABLEAUX ANCIENS,

Composant le Cabinet de M. ROBELOT, de Bordeaux,

Ancien Contrôleur principal des Contributions directes.

EXPOSITION PUBLIQUE

Le dimanche 18 janvier, de midi à 4 heures, et le matin de chaque
vacation, de midi à deux heures.

PARIS

IMPRIMERIE ET LITHOGRAPHIE DE MAULDE ET RENOU,
Rue Bailleul, 9 et 11, près du Louvre.

1845

CATALOGUE

d'une riche Collection

DE TABLEAUX

Dessins, Aquarelles, Objets de curiosité, etc.,

DONT LA VENTE AURA LIEU

EN L'HOTEL DES VENTES,

Rue des Jeûneurs, n° 16,

Salle n° 2,

Les Jeudi 23 et Vendredi 24 Décembre 1841,
à midi précis et sept heures du soir.

Par le ministère de M. DUCROQUET, Commissaire-Priseur,
rue de Provence, 46;

Assisté de M. E. SWAGERS, Peintre-Expert,
rue Poissonnière, 23.

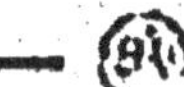

EXPOSITION PUBLIQUE

Le Mercredi 22, de midi à quatre heures, et le matin,
23 et 24, avant la Vente.

—

LE PRÉSENT CATALOGUE SE DISTRIBUE :

Chez M. DUCROQUET et chez M. SWAGERS.

Désignation des Objets.

1ʳᵉ VACATION

Le Jeudi 23, à midi.

1. — 1ʳᵉ DIVISION. — Sous ce numéro, seront vendus plusieurs bons Tableaux des différentes Ecoles.

2   VELDE (Van den) (Style de). Une Marine.

3   WOUVERMANS (Pierre). Une Halte.

4   ROBERT. Une Vue de Tivoli à Rome.

5   M. BAPTISTE. Une Marine, ornée de jolies figures : effet de soleil couchant.

6   Du même. Une Marine : effet de brouillard.

7   M. VANDERBURCH (Hippolyte). La Grotta Ferratta, d'après nature.

8   Du même. L'Isola di Sora, d'après nature.

9   École Italienne. Le Christ.

10   Mlle GIRAUD (Nathalie). Deux charmans Paysages.

11   M. CHAILLY (Victor). La Chasse au cerf.

12   Du même. La Chasse au héron. Les petites figures de ces deux jolis tableaux sont touchées avec infiniment d'esprit.

13   Mlle GIRAUD (Nathalie). Deux Paysages composés d'une finesse remarquable.

14   M. CHIMBEAUX. Un Paysage : effet de soleil couchant.

15   Du même. Un Paysage : effet du matin. Ces deux tableaux sont fixés sous glace.

16   M. MAUZAISSE. La Mort de Clorinde. Esquisse du grand tableau de ce maître, qui appartient au Musée de Bordeaux.

17   M. TANNEUR. Une Marée basse.

18   M. MOZIN. Une Vue prise au Pollet.

19   VLEUGLES. Ulysse reconnaissant Achille au moment où celui-ci, caché au milieu des femmes, se trahit en saisissant un glaive, qui

se trouve parmi une foule d'objets de toilette et d'ornemens.

20   JORDAENS. Une Cuisinière à un garde-manger. Les attributs et animaux sont du maître, la figure de SNEYDER (François).

21   ZORG. Une Femme épluchant des légumes.

22   CRÉPIN. Un joli Paysage avec figures.

23   M. DÉVERIA (Achille). Le Contrat. Charmante aquarelle.

24   Du même. Le Lever de la mariée. Id.

25   —   La première Communion. Id.

26   —   L'Accouchée. Id.

27   —   La Mère malade. Id.

28   BERTHAULT. La Chasse au faucon. Très belle gouache.

29   PIGOS. Deux Portraits : celui du Nègre de la maison d'Orléans et celui d'un magistrat ; dessins en couleur.

30   BERGEM. Une Marche d'animaux. Dessin.

31   Du même. Pendant du précédent.

32   WOCHER. Une Vue prise à Berne. Aquarelle.

33   PÉRIGNON. Une fort jolie Aquarelle.

34 MALLET. Erigone, jouant avec l'Amour.

35 BOUCHER. Un très beau Paysage.

36 HARST (Van). Un Paysage.

37 PETERS (B.). Paysage et effet de soleil.

38 LEPRINCE (Xavier). L'Abreuvoir : un palefrenier, menant deux chevaux, s'entretient avec une femme qui tient un enfant par la main.

39 BOUCHER (François). Une jeune Fille se dispose à entrer dans l'eau.

40 M. CIGOUX. Un Soldat Bourguignon. Tête d'étude.

41 TAUNAY. L'Amant trompé. Charmant petit tableau d'une finesse de touche et d'expression remarquable.

42 VANDERBURCK (Hippolyte). Une Vue prise à Valmantony.

43 Du même. Une Vue prise à Trifult, d'une grande vérité.

44 VIEN. Une Tête de vieillard à barbe. Fort belle étude.

45 M. BOURGEOIS. Le Pont de bois. Aquarelle.

46 M. FINART. Ah! vous êtes à croquer! Joli petit sujet. Aquarelle.

47 DURER (Albert) Ecole de). Sujet tiré de l'Histoire Sainte.

48 M. HUBERT. Les Ruines d'un monastère. Dessin mine de plomb.

49 M. BAPTISTE. L'Aveugle du Tréport. Tableau fin.

50 Du même. La Lanterne magique.

51 Mlle GIRAUD (Nathalie). Deux charmans petits Paysages.

52 M. PAUL - MARTIN. Des Chevaliers en prière. Aquarelle.

53 M. LESAINT. Un Intérieur de cloître. Aquarelle.

54 Du même. Pendant du précédent. Id.

55 M. ESBRAT. Un joli Paysage d'après nature. Aquarelle.

56 HUYMANS (Corneille, dit de Malines). Un Paysage.

57 BERGHEM (Nicolas) (Ecole de). Un Tableau : paysage et figures.

58 M. DUPRÉ (Jules). Des Enfans sur une plage.

59 M. WATELET. Intérieur d'une forêt.

60 REMBRANDT. Une Tête d'homme.

61   MURILLO. Esquisse du beau tableau de l'Ascension, peint par ce maître, et qui est à Séville.

62   Du MÊME. Première manière. Un Saint Jean dans le désert.

63   M. ROBERT (FLEURY). Un Brigand.

2ᵉ VACATION

Le Jeudi 23 Décembre, à sept heures du soir.

QUELQUES BORDURES DORÉES.

1   Nombre de belles Gravures encadrées, bonnes Epreuves avant et après la lettre.

2   Quatre Garnitures de cheminées, Vases, Flacons, etc., en porcelaine du Japon; quinze pièces.

3   Seize Vases et Flacons, Japon et Chine.

4   Quatre Sucriers en porcelaine du Japon et Chine.

5   Neuf Assiettes, dont quatre fort jolies à montures. Chine.

6   Cent vingt Tasses environ. Chine.

7 Un Hercule bysantin. Bronze. —

8 Un jeune Timbalier. Bronze florentin.

9 Une Bacchante dansant, accompagnée d'un petit Satyre. Bronze florentin. —

10 Un Email fin, représentant l'Entrée de Jésus-Christ à Jérusalem. —

11 Deux petits Vases à parfums. Stonkin.

12 Une paire de très jolis Pistolets de Liége.

13 Les deux Porteurs. Petits bronzes florentins d'une grande beauté.

14 FLAMAND (François). Un très joli Bas-Relief d'applique en ivoire. —

15 Deux Bouteilles à figures.

Vacation du Vendredi 24, à midi.

QUELQUES BORDURES DORÉES.

N° 2 DE DIVISION. — Sous ce numéro, seront vendus nombre de bons Tableaux des différentes Écoles.

64 ROBERT. Une Vue des environs de Rome. Gouache.

65   Du même. Une Vue des environs de Rome. Gouache.

66   —   Id. Id.

67   —   Id. Id.

68   VALENCIENNE (Style de). Un riche Paysage. Aquarelle.

69   Mme HAUDEBOURT LESCOT. Une Paysanne en prière. Aquarelle.

70   M. FINART. Un Combat de cavalerie. Id.

71   M. BEAUME. Le Repos du Chasseur. Id.

72   M. OOAKLEY. Deux Enfans jouant avec un crabe. Id.

73   GATTA. Une Danse : sujet italien. Id.

74   M. GUÉ. Une Vue prise en Auvergne. Id.

75   M. SCHEFFER (A.). La Présentation au Baptême. Id.

76   M. BRUNE. Un très joli Paysage. Id.

77   M. LAMBERT. Une Vue prise en Hollande : effet d'hiver. Id.

78   BOUCHER. Un Satyre et des Nymphes. Id.

79   GOBERT. Six charmans Fixés, peints à l'huile, réunis dans un même cadre.

80   M. BAPTISTE. Le Gagne-Petit en bonne fortune. Ce petit tableau, très gracieux, est

d'une finesse et d'un coloris charmans, les figures très jolies et parfaitement bien grou-
pées.

81   REMBRANDT. Une Tête à turban.

82   MURILLO. Visitation de la Vierge. Petit
tableau remarquable parmi les belles produc-
tions de ce grand maître.

83   DIEPENBECKE (Abraham Van). Diane au
retour de la chasse. Ce tableau est une des
belles pages de ce maître.

84   MURILLO. Un magnifique Tableau représentant un saint François en prière ; un
groupe d'anges le monte au ciel.

85   VELASQUEZ (J.) L'Annonciation. Tableau
du plus précieux fini et dans un parfait état
de conservation.

86   ZURBARAN (Fr.)   Une des Filles du Potier de Séville.

87   DU MÊME. La seconde des Filles du Potier
de Séville.

88   RIBERA (Jos.) Une magnifique Tête d'E-
tude de saint Pierre.

89   TAUNAY. Les Voyageurs Espagnols.

90   LEYDE (Dammetz, dit Lucas de) (attri-
bué à). La Vierge et l'Enfant Jésus. Tableau
bien conservé.

91   M. LECOMTE (H$_{te}$). Un camp de Mameluks.

92   GUIDE (le). Martyre de sainte Apolline.

93   BRAUWER (Adrien). Deux Buveurs, l'un des deux tient à deux mains un grand verre plein qu'il promène triomphalement, tandis que l'autre le suit portant un pot plein de vin. Ce petit tableau, d'une gaîté franche, et d'un effet très piquant.

94   VANDERBURK (Père). Le passage du Gué. Figures par Duval.

95   LEYDE (Dammert dit Lucas de) (Ecole de). La Circoncision.

96   BRUANDET (Louis). Le Gué du bois. Figures de Duval.

97   SENAVE (Père). Un Intérieur rustique, effet de lumière.

98   du même. L'Adoration des Bergers.

99   M. BERTIN. Vue prise en Italie : figures à l'antique, une marche d'animaux. Ce petit tableau est d'une finesse admirable.

100   SARAZIN. Un Paysage.
101   FÉRY (Paul). Idem.
102   STEYARD.   Idem.
103   CNOCKAERT. Tableau d'animaux d'un fini précieux.

au bal et la Fille à la maison ; le moment choisi par le peintre est celui où la jeune personne, qui est parée comme pour le bal, s'est endormie.

121 PERROT (Ferdinand). Une Vue du Conquet.

122 DÉVERIA (Achille). La Femme Hydropique.

123 FORESTIER. La Fureur d'Achille. Tableau qui a valu le prix de Rome à son auteur.

—

Vacation du Vendredi 24, sept heures du soir.

QUELQUES BORDURES DORÉES.

Nombre de bonnes Gravures encadrées.

16 Un grand Plat en porcelaine de Chine.

17 id à barbe id.

18 Vingt et une Théières et Pots au lait en porcelaine de Chine.

19 Deux Porte-Montres très anciens et bien dorés.

20 Une Pendule ancienne en marqueterie avec musique.

4.te Du 22. Décembre aux premiers table 218

en Hercule — Byzantin.

un jeune Thimballier

une Bacchante accompagné d'un satyre.

les 2 Porteurs.

un email fin Entrée de Jésus à Jérusalem.

2 Petits vases en email à parfum.

une paire de pistolets.

un Bas relief en Svoire françois flammand.

un cincinnatus terre cuite

une madone et L'enfant Jésus en bois

quelques vases Etrusques.

une boîte en fillagramme d'argent.

une jolie Tabatière avec un pied par
Swagers.

Drolling le joueur de guittarre

Callot 2 Petits Tableaux Bataille

21   La Passion en bois sculpté. Ouvrage très remarquable.

22   Un Cincinnatus : très belle terre cuite. *retiré 7.50*

23   Une Madone et l'Enfant Jésus. Statuette en bois sculpté. —————— *retiré 6-50*

24   Plusieurs Vases étrusques.

25   Une Boîte en filagramme d'argent. *Vendue 22 50*

26   Une jolie Tabatière avec dessus fixé, peint par François Swagers. ——————

27   DROLLING. Le Joueur de Guitare. Petit tableau d'un fini précieux. ———————— *28 —*

28   CALLOT. Deux petits Tableaux, dont l'un représente un Combat sur un pont, et l'autre la Reddition d'une Ville dont on apporte les clefs à un officier général. *retiré* ——————

29   Sous ce numéro seront vendus nombre de jolis Articles qui n'ont pu être catalogués.

1 a boîte Swagers ——————
la marine Cuyp ———— 10
le Vanloo ——————— 5

Imprimerie de Madame DE LACOMBE, rue d'Enghien, 12.